GERARDO CASTILLO

O ADOLESCENTE

Rebeldia e evasão

4ª edição

Tradução
Francisco Ramos

São Paulo
2023

Título original
Evasión y rebeldia en los adolecentes

Copyright © 1991 Ediciones Palabra, Madri

Capa
Provazi Design

Dados Internacionais de Catalogação na Publicação (CIP)

Castillo, Gerardo
 O adolescente: rebeldia e evasão / Gerardo Castillo — 4ª ed. —
São Paulo: Quadrante, 2023.

 ISBN: 978-85-7465-526-0

 1. Grupos sociais : adolescentes I. Título

CDD-305.235

Índice para catálogo sistemático:
1. Grupos sociais : Adolescentes 305.235

Todos os direitos reservados a
QUADRANTE EDITORA
Rua Bernardo da Veiga, 47 - Tel.: 3873-2270
CEP 01252-020 - São Paulo - SP
www.quadrante.com.br / atendimento@quadrante.com.br

SUMÁRIO

O sentido da adolescência 5

Há rebeldia ou rebeldias? 10

A rebeldia do adolescente 14

A rebeldia e as atitudes dos pais 19

A rebeldia e a insegurança dos
    mais velhos 23

Influência das ideologias na rebeldia
    e evasão dos adolescentes 28

Como avaliar a rebeldia adolescente 35

O silêncio dos adolescentes: evasão
    ou rebeldia? 37

A manifestação da conduta evasiva 44

Uma resposta: a participação dos
    adolescentes na família 49

Dificuldades e orientações para
    a participação 55

O sentido da adolescência

A adolescência é, antes de tudo, um período de crescimento especial que torna possível a passagem da infância para a idade adulta: adolescente é aquele que está crescendo, em contraposição ao adulto, que é aquele que cresceu.

O crescimento se dá tanto em quantidade como em qualidade. Não representa apenas um aumento muito significativo na altura e no peso, em capacidades mentais e força física, mas também *uma mudança na forma de ser,* uma evolução da personalidade.

A adolescência é o começo de um crescimento qualitativo, um nascimento de algo novo no homem: a sua intimidade. Nascimento da intimidade e «descoberta do eu» são expressões equivalentes. Significam que a consciência infantil, ligada ao coletivo, é substituída por uma consciência pessoal.

A consciência de ser diferente origina no adolescente toda uma série de necessidades novas: ser eu mesmo (identidade pessoal); estar comigo mesmo (intimidade); valer-me por mim mesmo (autorrealização); poder escolher e decidir (autonomia); ter êxito (segurança); amar e ser amado (aceitação).

Trata-se de necessidades básicas da pessoa, de qualquer pessoa em qualquer idade e situação, mas que surgem no período da adolescência. Na medida em que essas necessidades se satisfazem, a personalidade vai-se desenvolvendo.

A descoberta do eu acarreta também o conhecimento de algumas possibilidades e limitações pessoais. Sabemos que nessas idades começa o desenvolvimento de várias capacidades novas, como, por exemplo, o pensamento lógico e o sentido crítico. Pois bem, o adolescente está normalmente interessado em estrear essas capacidades e pô-las a serviço das necessidades de «autorrealização» acima descritas. Isto explica a atitude de autoafirmação do eu, que não é outra coisa que afirmação da personalidade nascente[1].

Existe toda uma série de linhas de comportamento no adolescente que não são mais do que a expressão externa de uma afirmação interior. Por exemplo: a obstinação, o espírito de contradição, a busca de independência, a rebeldia perante as normas estabelecidas. Esta atitude de afirmação de si mesmo, necessária ao desenvolvimento da personalidade, corre o risco de crescer desmedidamente e de radicalizar-se perante determinadas atitudes dos adultos ou certas influências do ambiente.

Valer-se por si mesmo e agir com autonomia nunca é fácil. E é menos fácil, logicamente, na adolescência. O drama do adolescente consiste na enorme desproporção que existe entre a meta proposta e os meios disponíveis para alcançá-la. Sua situação é comparável à de um nadador entre dois pontos (infância e idade adulta), sem conhecimentos de natação (falta de recursos e de experiência), numa travessia cheia de escolhos e perigos (influências negativas do ambiente) e sem saber exatamente onde está e o que o espera na outra margem (desorientação). Apesar de tantas dificuldades, muitos nadadores, bem ou mal, chegam ao seu destino.

O adolescente debate-se com o problema de saber como comportar-se perante situações novas e mais difíceis. Ou, por outras palavras, de «como adaptar-se ao seu novo papel na vida».

A dificuldade do objetivo explica que, a par de atitudes de autoafirmação, se deem no adolescente sentimentos de dúvida e inferioridade que são sintomas de insegurança.

Todo este processo de desenvolvimento pessoal, cheio de possibilidades e limitações, vem pôr de manifesto que a adolescência é um longo e trabalhoso período de amadurecimento pessoal. Poder-se-ia, em consequência, definir a adolescência como uma etapa de imaturidade em busca da maturidade.

Um dos traços típicos da imaturidade está relacionado com o conceito de liberdade. É bem conhecido o grande zelo com que, desde o início da adolescência, tanto os rapazes como as moças defendem a «sua» liberdade, a tal ponto que este costuma ser o tema que mais dificuldades origina nas relações entre pais e filhos adolescentes. Mas, quando os adolescentes reclamam mais liberdade, o que realmente desejam é uma liberdade reduzida à simples independência. E não se trata da independência que consiste em pensar, decidir e atuar por si mesmo — o que representa já um progresso importante —, mas da mera rejeição de qualquer influência ou dependência dos outros. Isto inclui o não responsabilizar-se perante os outros pelos atos praticados.

O adolescente entende a liberdade unicamente como ausência de limitações ou condicionamentos externos. Por isso, mesmo nas situações de maior permissividade, continuará a dizer que não é livre. Em consequência, necessita ampliar o conceito que tem de liberdade. Seria preciso explicar-lhe que a liberdade pode crescer em cada pessoa, e que isso depende em parte do esforço que cada um realize para superar as próprias limitações.

Outra manifestação de imaturidade é a falta de vontade. Os adolescentes são mais pessoas de projetos que de realizações. Custa-lhes muito realizar o que decidiram e ser perseverantes nas tarefas que empreenderam.

Também existe neles toda uma série de traços que denotam imaturidade intelectual. Por exemplo: o radicalismo nos juízos e a ausência de matizes. Estas atitudes são consequência tanto da pouca experiência prática da vida como da carga emocional que costuma acompanhar as suas ações.

Há rebeldia ou rebeldias?

Segundo o dicionário, «rebelar-se» é «insubordinar-se, faltar à obediência devida, opor resistência». Por conseguinte, é rebelde «a pessoa indócil, difícil de dirigir ou de dominar», e chama-se «rebeldia» à oposição a algo estabelecido, a algo que a sociedade, a lei ou o costume aprovam ou em que consentem.

A desobediência do rebelde é diferente da desobediência do não rebelde. Na primeira, existe sempre uma atitude de insubordinação, de rejeição da dependência de outras pessoas, o que não costuma existir em outros tipos de desobediência.

Convém também distinguir a rebeldia da obstinação, ou caturrice, da desconformidade e do espírito crítico. Nenhuma destas atitudes significa necessariamente que se rejeita a dependência. Aceitar a autoridade de uma pessoa é compatível com discrepar dela a propósito deste ou daquele assunto, mesmo que essa discrepância chegue a ser tola e pertinaz.

A rebeldia distingue-se também da violência, ainda que ambas às vezes se deem juntas. A violência não tem objeto, provoca uma ruptura completa e definitiva com os outros, e seus atos são gratuitos. A rebeldia, pelo contrário, tem objeto (diz *não* a alguma coisa), não rompe definitivamente com os outros, faz-se em nome de algo (faz referência a algum valor) e nunca é gratuita. A rebeldia é, por conseguinte, mais humana do que a violência.

Não há rebeldia, mas rebeldias. Segundo Yela[2], podem-se distinguir quatro tipos de rebeldias. A primeira delas nasce do medo de agir, e traduz-se numa atitude encolhida, de reclusão em si mesmo. Equivale muitas vezes a um regresso à vida despreocupada e livre de responsabilidades da infância. Ao abrigo deste refúgio, adota-se uma atitude de protesto mudo e passivo contra tudo. É a rebeldia *regressiva*.

Existe também uma rebeldia *agressiva* que, diferentemente da anterior, se expressa de forma violenta. É própria do fraco, daquele que, não podendo suportar as dificuldades que surgem na vida diária, tenta aliviar o seu problema fazendo sofrer os outros.

Um terceiro tipo de rebeldia consiste em arremeter contra as normas da sociedade, ou por egoísmo e utilidade própria, ou pelo simples prazer de quebrá-las. É a rebeldia *transgressiva*.

Existe, por último, uma rebeldia *progressiva*, que «a pessoa sente mais como dever do que como direito. Não é própria do assustado, nem do fraco, nem do amoral. É, pelo contrário, característica daquele que se atreve a viver, mas quer viver dignamente; daquele que sabe suportar o peso da realidade, mas não o da injustiça; daquele que aceita as regras dos homens, mas as discute e critica para melhorá-las»[3].

Os três primeiros tipos são formas de rebeldia defensivas (defesa do «eu ameaçado»), negativas e de simples reação. Nascem de situações de insegurança e imaturidade. A rebeldia progressiva, pelo contrário, decorre de atitudes mais refletidas e positivas, próprias de pessoas que já alcançaram um certo nível de maturidade e de adaptação social.

Talvez se possa distinguir, deste modo, entre rebeldia da insegurança e rebeldia em função dos valores.

As rebeldias da insegurança estão relacionadas, no dizer de Frankl, com «a sensação de vazio ou carência de sentido da própria existência»[4].

A rebeldia em função dos valores pressupõe descobrir, aceitar, preferir e comprometer-se com esses valores, que são especificações do bem. Por exemplo, a liberdade, a responsabilidade, o amor. «Sem verdadeiros valores de referência, só é possível a insegurança de não saber para onde se vai nem qual o sentido da rebeldia. Os valores não podem ser substituídos por uma rejeição ou por determinadas atitudes ou postulados»[5].

A rebeldia do adolescente

A atitude rebelde está intimamente relacionada com a personalidade adolescente. Guardini comenta que «a autêntica crise da tendência para impor-se começa com o despertar da personalidade, com a consciência de ser alguém diferenciado dos outros. Daí vem a desconfiança do jovem em relação a si mesmo; a maneira exagerada de se autopromover; a constante rebelião contra a autoridade; a desconfiança a respeito do que os outros dizem, simplesmente porque são os outros que o dizem»[6].

A par do conhecimento das próprias possibilidades, com a consequente autoafirmação, a descoberta do «eu» produz no adolescente, desde o princípio, «um estremecimento quanto à segurança em si mesmo e, em consequência, a aparição de sentimentos de dúvida e inferioridade»[7]. Estes sentimentos desenvolvem-se na medida em que se fazem presentes os obstáculos exteriores, e em que se produz um progressivo conhecimento das limitações próprias.

O drama do adolescente reside em que a empreitada de abrir caminho contando unicamente com a sua capacidade, de ter de adaptar-se ao seu novo papel na vida, traz consigo uma desproporção considerável entre a meta proposta e os meios de que o jovem dispõe para alcançá-la. A falta de recursos e de experiência, a ausência de metas claras e, em algumas ocasiões, a incompreensão dos mais velhos explicam o crescimento deste sentimento de insegurança que, junto com o da autoafirmação, constitui a origem e o motor da rebeldia adolescente.

É explicável, por conseguinte, que possam dar-se na adolescência as três formas daquilo que antes se denominou «a rebeldia da insegurança»: a regressiva, a agressiva e a transgressiva.

A rebeldia regressiva é própria sobretudo da primeira fase da adolescência (puberdade). O púbere é ainda um menino, mas está começando a deixar de sê-lo. Perante as mudanças que se produzem no seu corpo e na sua forma de ser, sente-se admirado e surpreendido. Não compreende o que está acontecendo. Percebe que é diferente dos outros, e esta descoberta fará cambalear a inconsciente segurança em si mesmo que tinha na infância. Conhece pela primeira vez as suas limitações e fraquezas, e sente-se só e indefeso perante elas. Tudo isto pode levar ao medo de agir, com a consequente tentação de «regressar» psicologicamente ao mundo infantil, que se converte agora num refúgio. A partir deste refúgio, o púbere olhará o mundo dos adultos com uma hostilidade silenciosa.

A rebeldia agressiva costuma aparecer na adolescência média, fase em que se produz a ruptura definitiva com a infância e a busca de novas formas de comportamento. Do «despertar do eu» passa-se à «descoberta consciente do eu». O adolescente «vai-se conhecendo, aprofunda em si mesmo e começa a refletir pessoalmente, a sentir-se alguém e a querer sê-lo cada vez mais»[8]. A análise de si mesmo será o ponto de partida para o redescobrimento e crítica do mundo que o rodeia. Já não se limita, como na fase anterior, a contemplar admirativamente as mudanças que experimenta ou a reagir instintivamente, mas interroga-se a respeito delas. Quer descobrir o sentido que elas têm e, além disso, chegar a uma atitude pessoal perante a vida.

Se a puberdade era geralmente uma crise de tipo biológico que repercutia no desenvolvimento mental, ocasionando uma inquietação («a inquietação da puberdade», como a chama Debesse), a adolescência média é uma crise interna ou de personalidade. A instabilidade afetiva da fase anterior converte-se agora em inconformismo e agressividade, a «idade das impertinências ou fase negativa», porque «ao longo dela o jovem parece negar quanto há de razoável e elevado e achar-se num caminho retrocesso»[9].

A rebeldia transgressiva costuma dar-se também na adolescência média, ainda que não seja exclusiva desta etapa nem tenha de aparecer necessariamente. No seu desenvolvimento, podem ser fatores decisivos certos problemas de personalidade, um clima moral ruim na família e determinadas influências negativas do ambiente.

A rebeldia progressiva é própria sobretudo da adolescência superior ou idade juvenil, ainda que nem sempre se dê. É uma época em que normalmente se recupera o equilíbrio perdido. O adolescente começa a compreender-se e a encontrar-se a si mesmo, e sente-se mais integrado no mundo em que vive. Passou do negativismo à afirmação positiva de si mesmo: é a fase do «despertar do eu melhor». Nela se desenvolve o sentido da responsabilidade perante o futuro, que leva a traçar um plano de vida. É também a época da entrega apaixonada a ideais nobres: «A imagem sublime do ideal converte-se na grande alavanca da sua vida»[10].

Esta explicação não elimina o fato de haver muitos processos de adolescência que se complicam, que não se resolvem satisfatoriamente por si mesmos, por causas diversas (internas ou externas). O desenvolvimento psicológico é, sem dúvida, menos previsível e seguro que o biológico.

Não se pode, por conseguinte, generalizar excessivamente na análise da psicologia do adolescente. É preciso insistir em que não há adolescência, mas adolescentes, e em que não há rebeldia, mas rebeldes. Nem todos os adolescentes passam necessariamente pelos diversos tipos de rebeldia acima mencionados ou se enquadram neles com a mesma intensidade. Por outro lado, a rebeldia dos jovens nem sempre se faz acompanhar de uma atitude de oposição às pessoas mais velhas, embora seja em si mesma um elemento potencial de conflito.

A rebeldia e as atitudes dos pais

Os fatores que podem influir na conduta rebelde são múltiplos, razão pela qual não se pode aludir aqui a todos. Limito-me a referir unicamente os que, na minha opinião, são mais frequentes e importantes.

Alguns destes fatores são de tipo pessoal e foram analisados anteriormente. Um segundo grupo de fatores é de tipo familiar, especialmente os que se relacionam com certas atitudes dos pais. Existem, por último, fatores extrafamiliares, na medida em que os adolescentes se veem afetados por certas influências negativas do ambiente social. Estes três tipos de fatores realimentam-se entre si, de tal modo que o normal é que as condutas de rebeldia na adolescência sejam uma resultante dessa interação.

As atitudes de rebeldia costumam manifestar-se em primeiro lugar no âmbito familiar. A rebeldia contra os pais é a primeira, a mais frequente e a mais notória, porque a tutela que os pais exercem sobre os filhos é também a mais antiga e prolongada. Romper a dependência paterna, deixar de ser considerado um menino, é um objetivo prioritário para o adolescente.

A rebeldia cresce quando a ânsia de independência e a autoafirmação do adolescente tropeçam com atitudes protecionistas, autoritárias ou de abandono por parte dos pais.

Há protecionismo quando os pais relutam em admitir o desenvolvimento dos filhos, em reconhecer que estes cresceram tanto física como psiquicamente. São pais que querem prolongar a infância e, portanto, a relação de dependência em que mantêm os filhos. Isto os leva a não confiar neles, a decidir em lugar deles, a resolver-lhes a maioria dos problemas, a falar-lhes em tom de superioridade. Os pais tentam continuar a ser imprescindíveis na vida do filho. Trata-se de um autoritarismo disfarçado.

O autoritarismo é a autoridade imposta como sistema, não raciocinada, não compreensiva. É a autoridade do «porque sim» ou do «porque sou teu pai». Também é autoritarismo o exercício arbitrário da autoridade, isto é, sem nenhuma referência a critérios válidos, de forma incongruente e como expressão de um privilégio: o de ser pai. Desse modo, incorre-se facilmente em exigências contraditórias. Se, além disso, essa atitude se faz acompanhar de procedimentos humilhantes para os filhos (castigos físicos como único ou principal recurso, censuras em público etc.), pode despertar em muitos casos sentimentos de frustração pessoal.

O abandono significa não exercer de modo nenhum a autoridade, pelas mais diversas razões. Entre elas pode-se mencionar: 1) não entender a autoridade (confundi-la com o autoritarismo): 2) não entender a liberdade (reduzi-la à simples espontaneidade e independência: liberdade desvinculada); 3) não querer complicar a vida (comodismo, irresponsabilidade).

Aqui se situam os medos de muitos pais de hoje. Têm medo do fracasso na educação dos filhos; medo ao sofrimento que essa missão implica; medo às fugas e chantagens dos filhos; medo de criar conflitos; medo de serem tachados de pais antiquados ou passados de moda. Deseja-se a todo o custo «não ter problemas», ficar bem com os filhos, que exista uma harmonia familiar. E deste modo sacrificam-se valores importantes, conseguindo-se a duras penas um «equilíbrio familiar».

Ao contrário do que à primeira vista possa parecer, a atitude de abandono dos pais dececiona os filhos e fomenta comportamentos de rebeldia. A autoridade dos pais é para os adolescentes uma ajuda necessária num momento em que lhes é muito difícil ajudarem-se a si mesmos.

*A rebeldia e a insegurança dos mais velhos**

Os fatores ambientais são mais variados, complexos e difíceis de sistematizar, sobretudo se tomarmos como referência o ambiente atual.

É preciso aludir, em primeiro lugar, à insatisfação de muitos adolescentes e jovens perante uma sociedade de que não gostam. Para Bonani, os adolescentes de

---

(*) Oliveros F. Otero entende a tarefa educativa como uma rebelião em face dos reducionismos de certos valores: por exemplo, em face do permissivismo. Os educadores devem desenvolver uma atitude de rebeldia positiva, que sirva de exemplo e estímulo à rebeldia dos jovens (Cf. *Educación y rebeldia*, Folhetos MC, Madri).

hoje protestam contra tudo e consideram-se uma geração fracassada porque «os mitos da sociedade tecnológica, como o bem-estar, o triunfo, a conquista do poder, os decepcionaram. As ideologias apresentadas por seus pais demonstraram possuir uma base de argila. As tradições históricas mostram-se inadequadas para resolver os problemas deste tempo»[11].

A rebeldia dos adolescentes orienta-se fundamentalmente contra a sociedade da abundância material e da pobreza espiritual. A sociedade atual não corresponde às suas necessidades e aspirações: «Numa época invadida por novos inventos, avanços tecnológicos e aventuras espaciais nunca sonhadas na geração passada, as velhas ideias e "slogans", os velhos modos de fazer as coisas e os valores que antes tínhamos como imutáveis mudaram totalmente ou estão mudando tão rapidamente que é difícil que o jovem de hoje saiba em que deve acreditar ou o que deve viver, nem está muito mais seguro de saber por que coisas vale a pena dar a vida»[12].

A atitude contestatária e rebelde da juventude obedece não tanto ao desacordo com as ideias e valores dos adultos, mas a que em muitas ocasiões estes valores não existem. Os jovens sentem falta de uns critérios, pautas e modelos de conduta a seguir, de uns valores encarnados na vida de pessoas concretas, que as movam a uma atitude de compromisso na sua vida.

A rebeldia dos jovens surge em estreita relação com a insegurança dos mais velhos. López Ibor destaca, neste sentido, que «algum elemento de base falha no homem contemporâneo. Esse elemento estrutural que falha, essa insegurança em configurar o futuro, ou seja, em encontrar um sentido para a história coletiva ou para a própria vida individual, é o que produz maior sensação de desamparo nas jovens gerações»[13].

Nesta desorientação dos adolescentes vem influindo decisivamente a falta de vida familiar que se observa hoje em muitos lares e que impede que a família seja o que sempre foi: a ponte segura que ajuda a passar de forma positiva da infância para a idade adulta. Na família, a criança e o adolescente encontram os critérios, os valores, as pautas de conduta e mesmo o clima emocional de que necessitam para dirigirem a própria vida.

Para López Ibor, no âmbito da família, «o jovem cresce enraizado, vital e pessoalmente, num mundo que o forma e liberta ao mesmo tempo... Viver em família, tal como se faz entre nós, significa incorporar de maneira vital uma série de valores que ficam, por assim dizer, imersos no próprio sangue. O jovem não é um desarraigado»[14].

O modo de vida de muitos adolescentes e jovens de hoje contribui também para a sua insegurança e desenraizamento e, portanto, para a dificuldade de se entenderem com os adultos. Nota-se, por exemplo, um considerável atraso no processo de incorporação dos jovens na sociedade adulta. Em consequência dos estudos prolongados e/ou das dificuldades para encontrarem emprego, muitos jovens prolongam artificialmente a etapa de dependência econômica da família.

Estes jovens vivem com frequência longe do lar, seja por causa dos estudos, seja por um desejo de emancipação que hoje em dia é cada vez mais comum, inclusive a partir dos catorze anos. O lar é considerado como um obstáculo à «libertação» e «realização» pessoal. Esta emancipação prematura é às vezes ocultada ou disfarçada mediante procedimentos diversos, como, por exemplo, escolher um curso que não existe na cidade em que se vive. Noutros casos, os filhos manifestam abertamente aos pais, sem nenhuma sensação de culpa, o seu desejo de abandonar o lar.

Vive-se fora da família, mas não de forma isolada. Estes jovens com uma adolescência prolongada, carentes da segurança que proporcionam um lar próprio e uma profissão, buscam apoio no grupo de seus iguais. Há uma vida em comum com outros jovens de ambos os sexos, umas vezes em nível de grupo de amigos e outras em nível de comunidade.

Os jovens de hoje têm uma consciência de grupo muito marcante, uma forte solidariedade quando colocados em face dos adultos. Fala-se até de consciência de classe. Trata-se de grupos autônomos, para os quais a adolescência já não é um período de transição e uma simples situação de passagem, mas uma forma de viver e um mundo com sentido próprio.

Os jovens estão formando a sua própria sociedade à margem da sociedade dos adultos, de tal modo que muitas vezes não há conflito de gerações, mas vidas justapostas que se ignoram mutuamente.

Influência das ideologias na rebeldia e evasão dos adolescentes

Por detrás de muitas atitudes de rebeldia dos jovens de hoje, existem influências ideológicas. Vale a pena por isso considerar, ainda que brevemente, por que certas ideologias influem tanto em muitos adolescentes.

Uma ideologia é um sistema de ideias que pretende explicar a realidade prescindindo dela, ou seja, sem tomar em consideração a natureza das coisas.

Para o ideólogo, as coisas não têm natureza. Esta «constitui-se mediante o nosso conhecimento e a nossa ação». Em consequência, «o que decide da verdade contida num sistema de ideias não é a sua correspondência com a realidade — esta pouco tem a dizer —, mas a coerência ou congruência de umas ideias com outras, que é justamente o que constitui o sistema»[15].

A ideologia não se limita, porém, a explicar a realidade. Vai mais longe: «pretende conformar a realidade segundo os moldes da concepção que propugna. A natureza real das coisas fica escravizada às instâncias que determinam a ideologia: interesses de grupo ou pessoais»[16].

Não se percebe uma semelhança entre os objetivos e características das ideologias e os dos adolescentes? Por exemplo, o não ater-se à realidade: o desejo confunde-se com a realidade e a substitui ou fabrica. Pode-se desejar tudo. Pode-se sonhar o que se quiser.

Outro exemplo dessa semelhança: o dar mais valor à congruência das ideias do que à verdade objetiva. Os adolescentes preocupam-se mais com a coerência do que com a verdade. Por isso, uma pessoa coerente e equivocada pode influir muito neles.

As ideologias não procuram a verdade, mas a obtenção do poder. Criam, portanto, uma atitude de indiferença para com a verdade. São alternativas de poder, de domínio, em vez de alternativas de serviço. Não está tudo isto muito relacionado com a ânsia de independência do adolescente?

Se pensarmos numa ideologia determinada, como por exemplo o liberalismo, deparamo-nos com a seguinte tese: «O homem não tem liberdade. O homem *é* liberdade». Dá-se aqui a mesma confusão típica do adolescente entre liberdade e espontaneidade.

Outra característica fundamental da ideologia liberal é a negação da transcendência das leis morais. Desta negação origina-se o permissivismo. O permissivismo leva à separação entre o corpo e o espírito, e ao abandono do corpo aos instintos sexuais. Trata-se da mesma dissociação que costuma surgir na adolescência.

Se considerarmos as ideologias coletivistas, observaremos nelas a «proibição de ter ideias próprias». Só se podem ter as ideias do coletivismo. Ou, o que é o mesmo, é preciso pensar em rebanho. Não se entronca isto com o gregarismo do adolescente?

As ideologias, por conseguinte, influem no adolescente por serem sistemas de ideias que coincidem com a mentalidade própria da adolescência. Oferecem-lhe um suporte e um álibi para permanecer indefinidamente no comodismo da imaturidade. Por isso, na caracterização da adolescência, «pode-se falar de cumplicidade, de renúncia à condição de ser racional, de ausência de esforço no exercício da vontade, de esquecimento da possibilidade de desenvolvimento pessoal como ser, de crescimento»[17].

Um sistema de ideias congruentes, que justifica o comportamento adolescente e que incide numa personalidade sugestionável, não estará aparecendo com um forte poder de fascinação?

Mas a influência das ideologias potencia-se até o imprevisível quando se difunde através da manipulação. Há manipulação quando se oferece uma informação seletiva e parcial para conseguir em outras pessoas decisões que não se tomariam no caso de se dispor de uma informação completa e veraz. Na manipulação existe ludíbrio com fins de domínio sobre os outros.

Não constituem hoje os adolescentes um terreno fértil para a ação dos manipuladores, tanto nos seus pontos fortes como nos seus pontos fracos? Christa Meves diz que um dos principais «slogans» dos manipuladores da juventude atual é «emancipação para todos». E, em consequência, «toda a autoridade, toda a ordem, toda a orientação do pensamento é má, significa repressão, deve ser desterrada, até, se for preciso, pela força. A finalidade suprema da vida é o prazer, sobretudo o prazer sexual...»[18]

Para Rafael Gomez, grande parte dos motivos que levam os jovens à droga, à fuga e à rebeldia procedem de ideias que se podem enquadrar em contextos ideológicos. «O homem que cria para si mesmo a necessidade de realizar-se para ser; o não existir senão o "ser aí"; a admissão simultânea dos contrários irredutíveis; o infra-valor que resultaria de empenhar-se por toda a vida; a experimentação; a queda no concreto e no imediato. Herdeiros desde sempre, os jovens continuam a herdar. Mas a herança de agora é uma carga de incerteza, um sem sentido»[19].

Para este mesmo autor, muitos adolescentes de hoje são mais conformistas que rebeldes, por estarem herdando sem crítica o modo adolescente de reagir de muitos adultos: «Uma parte da sociedade atual "fixou" de algum modo — nos seus juízos, comportamentos e modos de atuar — alguns aspectos da crise da adolescência. Esta parte da sociedade ficou ela mesma na adolescência, sem seguir, sem superar positivamente uns fenômenos reais; e como a sociedade "socializa" necessariamente os princípios com que vive, está socializando a imaturidade»[20].

Um exemplo deste fenômeno é o dos jovens cujo lema é deixar passar tudo. Trata-se de uma atitude cética, que leva a votar em branco perante a vida e seus problemas. Este tipo de pessoas não se alista em nada, não se compromete com nada. Renuncia à vida como projeto, para reduzir-se ao imediato e ao descomprometido.

É um fenômeno de evasão: foge-se do trabalho, das responsabilidades, da realidade, de si mesmo, para buscar refúgio no amoralismo, na comuna ou na droga.

É preciso desmistificar este modo de atuar. Não se trata, em minha opinião, de rebeldia, mas de conformismo. Quase sempre a vida desses jovens foi demasiado fácil; não tiveram necessidade de esforçar-se para conseguir o que queriam. A sociedade do bem-estar e dos produtos pré-fabricados satisfez a cada instante as suas necessidades, a ponto de impedir o desenvolvimento de muitas capacidades pessoais.

Não se trata, portanto, de uma rebeldia perante a sociedade, mas de um subproduto dela. É uma rebeldia que já nasce viciada, estéril, e que se transmite por hereditariedade. É uma rebeldia fictícia, que encobre um comportamento burguês[21]. Estes jovens sem rebeldia perderam o sentido da vida e a esperança. Tornaram-se velhos em plena juventude. São seres humanos tristes porque estão sós. Chegaram ao cansaço da razão.

Como avaliar a rebeldia adolescente

Para Maranón, a rebeldia era uma característica própria da juventude, porque a entendia como um dever e uma virtude: o modo mais humano da virtude juvenil é a generosa inadaptação a tudo o que é imperfeito na vida — que é quase toda a vida —, isto é, a rebeldia... Já que em todas as épocas a sociedade é injusta e está necessitada de uma constante renovação, a força legitimamente propulsora desta mudança tem de ser a juventude, pois com o passar dos anos o espírito se enrijece perante as injustiças. Por isso o jovem necessita, em certo sentido, de ser indócil, duro, forte, tenaz, inconformista.

Esta rebeldia cumpre, portanto, uma função social: as novas gerações são um despertador permanente de uma sociedade que tende para o conformismo e para a perda de sensibilidade em relação ao bem e à verdade. Mas esta rebeldia positiva e virtuosa a que se referia Maranón não é a do fraco, a do medroso, a do amoral, a que se traduz em atos de vandalismo para fugir do tédio, a do indiferente e cético, a do que só pensa em si mesmo, a do que reage de forma instintiva, sem reflexão nem autogoverno, a do irresponsável ou apático, a do que entende a rebeldia, em última análise, como um direito e não como um dever. É, pelo contrário, a daquele que, em primeiro lugar, sabe o que quer e, em segundo lugar, se pergunta se o que ele quer coincide com o que deve. É a rebeldia que mais acima caracterizei como «rebeldia em função dos valores».

Em face da rebeldia da insegurança e do protesto indiscriminado, situam-se as rebeldias dos que «aprendem a distinguir quando podem ceder e quando não podem — não devem —; quando devem ir contra a corrente no cumprimento do seu dever, na assunção de suas responsabilidades, e quando não é necessário; quando o seu silêncio é cumplicidade e covardia, e quando é elegância de espírito»[22].

De tudo isto se deduz uma consequência para os educadores dos adolescentes: a rebeldia não deve ser combatida, mas orientada. Trata-se de ajudar a transformar a rebeldia estéril e ineficaz do lamento e da agressividade numa rebeldia progressiva: «a que constrói, não a que destrói; a que se alimenta do amor, não do ódio; a que une e não a que despedaça; a do homem novo, que estreia a sua liberdade — ainda limpa — e quer que a sua ação torne os homens mais livres»[23]. Mas esta meta não pode ser alcançada sem a *participação* dos filhos adolescentes na *vida familiar*.

O silêncio dos adolescentes: evasão ou rebeldia?

Um dos fenômenos mais chamativos que se dão na adolescência é o do silêncio, seja como comportamento ocasional, seja como atitude permanente. Por que, à diferença do que ocorre com a criança, o adolescente se cala? Deve-se interpretar necessariamente essa atitude como uma atitude hostil? É um sintoma de rebeldia? É uma forma de evasão?

Os adultos costumam surpreender-se e mesmo irritar-se com o silêncio dos adolescentes. Tendem a encará-lo sempre como uma rejeição dos mais velhos, um repto ou uma provocação. Por outro lado, frequentemente, não sabem que fazer diante dessa situação. Tudo isto suscita uma pergunta obrigatória: qual a causa da atitude de silêncio nos adolescentes?

A adolescência representa um despertar do «eu», um adquirir a consciência de que se é alguém diferenciado dos outros. Isto explica que o adolescente se sinta, em princípio, como que segregado das pessoas e mesmo de toda a realidade externa: «Esta experiência reflete-se em toda a sua conduta. Torna-se retraído, silencioso, seus olhos já não são o claro espelho da alma; aprende a dissimular os gestos; começa a ter segredos e intimidades que não permite sejam devassados por qualquer olhar alheio. A solidão que, quando criança, evitava espontaneamente com o seu realismo e o seu viver aberto ao mundo, agora é para ele algo familiar e querido»[24].

O despertar da personalidade implica, por outro lado, um desejo de valer-se por si mesmo. Mas a realização deste desejo significa ter de enfrentar muitos problemas novos que não se tinham na infância. Perante alguns destes problemas — que, com frequência, originam fracassos —, o adolescente experimenta sentimentos de culpa e de vergonha, que o impedem de confiar nos outros. Assim se explica que resvale, muitas vezes, para uma atitude de segredo.

O silêncio pode ser, por conseguinte, uma atitude de defesa, um modo de preservar um eu inseguro. É a atitude normal do tímido, isto é, daquele que padece um medo crônico de agir, nascido da desconfiança, tanto em si mesmo como nos outros. Na presença de certas pessoas, o tímido mostra-se insignificante, envergonhado, lerdo em expressar-se...

Não podemos esquecer que, em última análise, adolescência e timidez estão muito relacionadas. Neste sentido, chegou-se a dizer que «a adolescência é a idade normal da timidez» e que «o adolescente é tímido por natureza»[25].

Esta timidez faz com que muitos adolescentes renunciem a comunicar as suas confidências aos outros e utilizem um recurso que só lhes servirá para falarem consigo mesmos: o diário íntimo. Em alguns destes diários, por outro lado, costumam encontrar-se alusões ao tema do mutismo:

> Clara, 14 anos, diz o seguinte: «Não tenho, em geral, confiança em ninguém. Nem sequer em meus pais. Eu não sei se serei a única, mas é mais forte do que eu. Não posso contar a ninguém o que sinto e o que me acontece. Se o faço, será numa folha de papel. Queria poder dizer tudo sem medo! Seria maravilhoso!»[26]

Mas, podem reduzir-se todas as causas do mutismo adolescente a um problema de insegurança pessoal? Parece que não. Uma causa muito frequente é a dificuldade de expressar-se, que está relacionada, por sua vez, tanto com o bloqueio afetivo próprio destas idades como com o escasso desenvolvimento daquela capacidade.

Pode o mutismo obedecer também, muito simplesmente, a que, em certas ocasiões, os adolescentes não têm nada que dizer? Alguns diários íntimos parecem confirmar esta possibilidade.

> «Não falo com meu pai. Não porque esteja aborrecida; é que não tenho nada que dizer-lhe... É que estar com os meus pais, além de ser incômodo e desagradável, é tremendamente aborrecido»[27].

A situação de «não ter nada que dizer» costuma produzir-se quase sempre no relacionamento com os pais e muito poucas vezes na presença dos amigos. Não está pondo isto de manifesto a distância tanto psicológica como de geração que existe entre pais e filhos? Esta distância não tem por que ser um muro intransponível, mas em princípio dificulta a comunicação, pelo fato de entre pais e filhos não existirem interesses comuns.

Alguns pais, levados sem dúvida por muito bons desejos, procuram que seus filhos falem «a todo o custo». Não é de estranhar que, nestas circunstâncias, os filhos utilizem o silêncio com uma intencionalidade não isenta de certa agressividade:

> «Acabo de almoçar. O almoço foi cômico. Estávamos sós, mamãe e eu; eu quase não falei. Não tinha nada para dizer. Mamãe, de vez em quando, começava a falar de algumas tolices para que eu lhe prestasse atenção. Mas eu, nada. De vez em quando dizia sim ou não. Creio que os momentos de silêncio eram violentos para ela. Para mim, os melhores»[28].

Não existirá também uma certa relação entre o nascimento da intimidade que se opera nestas idades e o silêncio dos adolescentes? Se a intimidade é o espaço interior que cada um consegue para estar consigo mesmo num clima de solidão, não será o silêncio uma situação de que o adolescente necessita para encontrar esse espaço e, em última análise, para sentir-se pessoa? Alguns testemunhos sobre adolescentes parecem confirmar esta possibilidade:

> «Pergunto-me se a solidão em que ele tanto se deleitava não foi senão uma busca precoce de um equilíbrio novo, a primeira manifestação de uma vida interior verdadeiramente autônoma, verdadeiramente pessoal»[29].

Pode-se perguntar se o silêncio dos adolescentes constitui, em certos casos, uma atitude de rebeldia. Não se pode ignorar que nestas idades, além de formas agressivas e violentas, existem procedimentos silenciosos para manifestar a rebeldia. Trata-se de um protesto mudo e passivo, que nasce não da desconformidade e do espírito crítico, mas do medo de atuar e de viver[30]. Voltamos a aludir, portanto, à causa citada em primeiro lugar: a insegurança.

O silêncio dos adolescentes pode ser, por último, uma forma de evasão. O silêncio converte-se em comportamento escolhido para fugir ou para protestar contra uma realidade — familiar e escolar, normalmente — que não é cômoda. Constrói-se assim um muro entre o mundo real e o do adolescente.

Esta atitude equivale a uma fuga moral: o adolescente não abandona fisicamente o lar e/ou a escola, mas está moralmente ausente. Este tipo de fuga costuma passar despercebido aos pais e professores e, por isso mesmo, em certo sentido é mais preocupante que as fugas físicas ou materiais.

Em resumo, o silêncio do adolescente pode corresponder umas vezes a traços típicos da idade (timidez, intimidade, dificuldade de expressão), mas pode também ser um instrumento de defesa ou de ataque em relação aos adultos (rebeldia, evasão). Esta segunda possibilidade é mais séria, porque denota a existência de um conflito.

A manifestação da conduta evasiva

O fenômeno da conduta evasiva não tem sido estudado até agora, ao menos nas suas implicações educativas. Se se tem em conta que afeta tanto os jovens como os adultos, e que — a julgar por determinados comportamentos que veremos mais adiante — é cada vez mais frequente, compreender-se-á melhor a conveniência de examiná-lo com vagar.

Algumas das manifestações da conduta evasiva — como já tínhamos visto — estão intimamente ligadas a traços típicos da personalidade adolescente.

Ultimamente, podem-se apreciar em alguns adolescentes certas formas menos típicas de conduta evasiva. É o que acontece, por exemplo, quando se utiliza a própria ignorância acerca de um tema como pretexto ou álibi para justificar determinada opinião ou comportamento. Existe também uma evasão da inteligência, que é uma fuga ao modo próprio de pensar, porque supõe esforço e compromisso. Pode-se até falar de uma evasão da vontade, na medida em que se renuncia de forma habitual a assumir os deveres pessoais.

Mas a conduta evasiva não é algo exclusivo dos jovens. No comportamento de muitos adultos observam-se formas de evasão semelhantes às citadas e que põem de manifesto a existência de «ideias fixas adolescentes». Existem também formas de evasão típicas dos mais velhos. Entre elas, pode-se citar o aburguesamento, o permissivismo, as «soluções fáceis» e a polarização nas «possibilidades de não fazer nada».

O aburguesamento é, em certos casos, uma compensação afetiva, uma saída fácil ou uma auto-justificação para eludir uma análise séria da própria existência.

O permissivismo representa, muitas vezes, uma evasão às normas morais com a falsa desculpa de que essas normas se opõem à «liberdade» humana.

As «soluções fáceis» significam uma fuga à realidade, visto não se estar disposto a enfrentá-la tal como é e com todas as suas consequências.

Com a polarização nas «possibilidades de não fazer» alguma coisa, tenta-se tanto apagar a consciência das «possibilidades do sim», de fazê-lo, como justificar perante os outros a preguiça e a passividade próprias.

A evasão pode ser explicada como «uma libertação» às escondidas e injustificada, e também como o "eximir-se de sentimentos incômodos, à hora de enfrentar as devidas exigências da realidade a que esses sentimentos estão anexos»[31].

Entre as características da conduta evasiva pode-se mencionar, em primeiro lugar, a subordinação do intelectual ao afetivo. Procede-se com a «lógica dos sentimentos», que leva a substituir o pensar pelo sentir e pelo desejar.

Uma segunda característica é o desmedido apreço pelo preferido. Em terceiro lugar, deve-se aludir ao autoengano.

As causas da evasão são múltiplas. Vou, por isso, referir-me somente às que considero mais importantes: a não aceitação de si mesmo tal como se é; o não querer aparecer tal como se é: não se estar disposto a enfrentar as dificuldades e problemas que a realidade externa suscita; o desaproveitamento das possibilidades de superação pessoal.

Por sua vez, estas quatro causas põem de manifesto, por um lado, a insegurança e a falta de fortaleza do adolescente e, por outro lado, o seu egoísmo, comodismo e irresponsabilidade. Trata-se, em última análise, de um problema de maturidade.

Uma conduta evasiva mantida ao longo do tempo acarreta importantes riscos para o indivíduo que a adota: inaptidão pessoal e social; atrofia de determinadas capacidades; ausência de progresso na melhora pessoal, incremento da insegurança.

Jung sustenta que a evasão esconde uma «moral reprimida», o que conduz muitas vezes à neurose. Para ele, todas as neuroses são em grande parte doença da consciência moral: «Os que padecem dos nervos... refugiam-se com suas teatralidades numa doença aparentemente orgânica para se subtraírem à penalidade das suas próprias reconvenções. Mas os psiquiatras assistem, às vezes, a autênticas explosões da consciência moral que, com força explosiva, se manifesta por meio de prantos convulsivos, até que sobrevêm a confissão libertadora»[32].

A maior parte das condutas evasivas podem ser evitadas em alguns casos e orientadas em outros com um tratamento educativo adequado. Esta ação educativa será diferente conforme os casos e os tipos de evasão. Existe, porém, uma atitude de tipo geral válida para todas as situações: «Só o reconhecimento da verdade e a aceitação da realidade nos tornam livres: qual é o meio de alcançá-lo? A resposta está na prática de todas as virtudes, na busca sincera de Deus»[33].

Uma resposta: a participação dos adolescentes na família

Os filhos adolescentes precisam participar mais que os de idades inferiores — e de outro modo — na vida familiar. Esta participação é um meio que facilita as relações entre pais e filhos em todas as épocas, mas talvez de modo especial naquela em que costumam produzir-se os problemas de evasão e rebeldia.

Importa, por isso, que os pais estimulem e orientem adequadamente a participação dos filhos adolescentes. Mas isto não exige deles, por outro lado, ideias claras acerca do que é e que sentido tem a participação dos filhos na família?

Pode-se dizer que participa quem é parte, quem toma parte, quem compartilha. Portanto, há participações na ordem do ser, do fazer e do ter. Faz-se assim referência a um *todo* que cada um não é, que cada um não faz, que cada um não tem, e do qual participa porque pode contribuir com alguma coisa ou porque dele pode beneficiar-se[34]. Esse todo é um bem — bem comum — que no caso da família e do centro educativo é a própria educação.

Participa-se numa sociedade, num sistema de convivência. A base da participação é a natural sociabilidade do ser humano. Para Höffner, todo ser pessoal tende naturalmente à entrega e à participação, e está ordenado por essência para o «tu» e para a sociedade.

De um ponto de vista pessoal, a participação é característica própria de todo o ser sociável e, em sentido ético, magnânimo, que — em contraposição ao egoísta — antepõe o bem comum ao bem privado.

De um ponto de vista funcional, a participação é um meio de responsabilização e de eficácia.

Mas a participação assim entendida só se refere ao fazer? Há também uma participação no pensar, já que no ser humano não se podem separar o fazer e o pensar. A participação no pensar exige que se informe e que se seja informado. É, por conseguinte, uma participação consultiva.

Assim como a participação no fazer e no pensar é obrigatória, a participação decisória pode dar-se ou não se dar. E isso porque nem sempre existe a possibilidade de escolher. Não acontece, por exemplo, que no âmbito natural da família se compartilham fins aceitos, ao passo que no âmbito cultural do centro educativo se compartilham fins escolhidos?

No caso da família, a participação, entendida como uma consequência da sociabilidade humana, está muito reforçada pelo laço familiar de um amor incondicional, radical e devido.

Uma vez que o matrimônio e a sua projeção — a família — se orientam para a educação dos filhos (a educação é um fim aceito, não escolhido), a principal participação na família é a participação educativa. Se nos centros educativos os alunos participam em função do seu processo de aprimoramento pessoal, não ocorrerá o mesmo com maior razão na família? Não acontece que todo o âmbito familiar converge para o crescimento intelectual e moral de cada uma das pessoas que o integram?

Em sentido estrito, a participação no ser dá-se na criatura em relação ao Criador. O filho tem um ser participado. Não requer isto, naqueles que educam, um profundo respeito por esta modalidade superior de participação?

O aluno participa do modo de ser de cada professor na medida em que recebe a influência deste. Mas esta participação no modo de ser dá-se com maior profundidade no caso do pai e da mãe, já que aqui se unem à influência social os laços familiares e a própria hereditariedade.

A participação no ser dentro da família é uma consequência de se estar vivendo num centro de intimidade que, de algum modo, vem completar o caráter imperfeito de cada ser humano.

Mas ao chegarmos a este ponto surge um problema: que consequências têm para a participação a unidade e a diversidade da família? Como se harmonizam?

A unidade de participação na família está no «crescer juntos», isto é, na educação familiar. Isto é o que une pais e filhos. Mas não os unem aquelas funções em que a família pode ser substituída (um negócio, por exemplo).

Pais e filhos unem-se na medida em que se torna possível para todos o exercício do direito de ser pessoa (nascer, crescer e morrer como pessoa). Une-os o direito a um processo educativo pessoal completo desde a concepção até à morte.

Mas na família existe também o pluralismo, uma diversidade de pessoas, idades, ideias, raciocínios, situações, graus de inteligência, graus de bondade etc. A diversidade unifica-se na família graças ao dar e ao receber. Se não há, por parte de todos, esse dar e receber, falham a unidade e a harmonia familiar. Haverá harmonia na medida em que exista uma convergência de desigualdades em direção ao bem comum (G. Thibon).

As desigualdades que convergem e se harmonizam são contribuições de seres livres que é preciso promover e coordenar. Isto inclui, por exemplo, o desenvolvimento da generosidade de todos em função das necessidades de todos. Também inclui o desenvolvimento de comportamentos responsáveis de todos os membros da família, ainda que de modo desigual, já que há uns primeiros responsáveis (os pais) e uns responsáveis secundários (os filhos). Se esta desigualdade, mas real responsabilidade, não é promovida e mantida por aqueles a quem compete a direção da família, pode-se dizer que há educação? Além disso, não existirá o risco de que, atuando à margem do bem comum, a família se desenvolva à semelhança dos totalitarismos ideológicos?

Mas, para alcançar essa unidade, essa harmonia no meio das desigualdades, para não comparar ninguém com ninguém, para coordenar as diferentes contribuições pessoais, é imprescindível a autoridade dos pais.

Dificuldades e orientações para a participação

Os adolescentes necessitam de participar na família, mas não costumam entender bem em que isso consiste.

Para muitos adolescentes, a participação é apenas um direito: tenho direito a que os demais membros da família levem em conta meus gostos, minhas necessidades, minhas opiniões...; tenho direito a que me consultem... Não seria necessário esclarecer-lhes que direitos e deveres são coisas inseparáveis?

Se eu tenho direito a alguma coisa, alguém terá um dever correspondente a esse direito que me assiste. Do mesmo modo, se os outros têm direitos, eu terei algum dever. Direitos e deveres relacionam-se em mim mesmo. Somos, ao mesmo tempo, seres destinatários (direitos) e remetentes (deveres).

Entender a participação apenas como um direito é agir unicamente em função do próprio eu, esquecendo o bem comum. É não ser responsável diante dos outros. Trata-se então de uma participação irresponsável, egoísta, insociável.

O adolescente deve descobrir que existe também o dever de participar. Isto significa não pensar apenas no eu, mas no que os outros — a minha família — necessitam de mim em cada momento. É uma participação de serviço aos outros, em pormenores concretos. Têm os filhos adolescentes o direito de passar por casa como por uma pensão gratuita?

Este dever dos filhos adolescentes de participar não será mais facilmente compreendido e acolhido por eles se se lhes descobre que os pais não são os únicos responsáveis pela família? Não seria também fundamental mostrar-lhes que, com a participação familiar, se tem em vista não só a melhora própria como também a dos pais e irmãos?

Esta última pergunta poderia vir em ajuda dos adolescentes que reduzem a participação ao puro ativismo de fazer, esquecendo a participação no pensar (informar e ser informado) e no ser (educar os outros e ser educado por eles).

Outra das dificuldades dos filhos adolescentes para entenderem a participação na família reside em que reduzem a liberdade à capacidade de escolha. E como na família, por ser um âmbito natural, os fins não são escolhidos, mas aceitos, chegam à conclusão de que não lhes é permitido agir como seres livres.

Nesta mesma linha, para muitos filhos adolescentes, a autoridade dos pais é um obstáculo à participação. Não seria necessário esclarecer-lhes que a autoridade bem entendida aumenta as possibilidades de cada membro da família e ajuda a harmonizá-las entre si?

Para outros adolescentes, a participação oscila continuamente entre dois extremos: a submissão e a independência. No melhor dos casos, a única coisa que se consegue é um equilíbrio entre a participação por carinho aos pais e irmãos e a reconstrução da própria vida fora da família num ambiente de desvalimento e solidão.

Não seria interessante que os filhos buscassem, em vez de um equilíbrio, a harmonia entre essas duas necessidades?

Claro que eles podem responder que a casa em que moram não é deles, mas dos pais. Que há por detrás desta queixa frequente? O que há, muitas vezes, é uma ânsia dos pais de fazerem tudo por si sós. Assim, por exemplo, há pais que tratam de todos os papéis necessários para o ingresso dos filhos na Universidade ou no serviço militar. Não se dá aqui uma substituição dos filhos que lhes impede sentirem-se membros de uma família? Não seria necessário, pelo contrário, permitir e exigir dos filhos que se ocupassem de tudo o que pudessem resolver por si mesmos?

São muitas as alternativas de participação na vida familiar que se podem oferecer aos filhos. Por exemplo:

– que os mais velhos se responsabilizem pelo estudo dos mais novos;

– que estejam atentos às coisas que se estragam na casa e executem pequenos consertos;

– que nos fins de semana e nas férias procurem alguns trabalhos remunerados com que possam contribuir, ainda que muito modestamente, para o orçamento familiar: cuidar de crianças, distribuir propaganda, vender livros...

Trata-se também de que pais e filhos façam algumas coisas juntos: pintar uma sala, estudar um plano de férias...

Pode ser muito conveniente que todos os filhos reservem um «tempo para a casa», do mesmo modo que reservam um tempo para o colégio e para os amigos.

Em face da tendência que costuma levar os filhos adolescentes a polarizar-se naquilo que *não* podem fazer em casa, os pais deveriam descobrir-lhes a grande quantidade de coisas que, *sim,* podem fazer. Às vezes, além disso, será útil que os pais iniciem essas tarefas, para que depois os filhos as continuem.

Independentemente de que cada filho seja encarregado de uma tarefa concreta, é necessário criar a mentalidade de que há assuntos que são de responsabilidade comum, como, por exemplo, a ordem e a limpeza do lar.

Com tudo isto estaremos contribuindo para que os filhos adolescentes pensem que «a casa é de todos». E quando a casa é de todos, há menos possibilidades de rebeldia irresponsável, de evasão e de conflitos de gerações. Quem participa adquire responsabilidade e amadurece.

NOTAS

(1) Cf. G. Castillo, *Los adolescentes y sus problemas* (Pamplona, EUNSA 1978); (2) M. Yela, *Juventud y rebeldia*, in «Anuário de los Colégios San Estanislao de Kostka», 1968, p. 64; (3) Ibidem; (4) V. Frankl, *La idea psicológica del hombre* (Madri, Rialp, 1965), p. 50; (5) O. F. Otero, *La educación como rebeldía* (Pamplona, EUNSA 1978), p. 61; (6) R. Guardini, *La aceptación de sí mismo* (Madri, Guadarrama 1962), p. 62; (7) E. Baca, *Desarrollo dinâmico de la personalidad: pubertad y adolescencia* (Nota técnica: OF-77, ICE, Univ. de Navarra), p. 6; (8) G. Cruchon, *Psicología pedagógica* (Madri, Razón y fe 1971), tomo II; (9) Ibidem, p. 61; (10) Ibidem, p. 63; (11) G. Bonani y otros, *Jóvenes: nueva frontera* (Bilbao, Mensajero 1970), p. 9; (12) A. Schneiders, *Los adolescentes y el reto de la madurez* (Santander, Sal Terrae 1969), p. 152; (13) J.J. López Ibor, *Rebeldes* (Madri, Rialp 1966), p. 17; (14) Ibidem, p. 23; (15) F. Altarejos, *La negación de la felicidad en las ideologías* (Nota técnica OF-469, Univ. de Navarra); (16) Ibidem; (17) O. F. Otero, *Influencia de las ideologías en la família* (Nota técnica OF-469, Univ. de Navarra); (18) Ch. Meves, *Juventud manipulada y seducida* (Barcelona, Herder 1979), p. 10; (19) R. Gómez, *Jóvenes rebeldes* (Madri, Prensa Española-Magisterio Español 1976), p. 138; (20) Ibidem, p. 130; (21) Ibidem, p. 134;

(22) O. F. Otero, *o.c.*, p. 63; (23) M. Yela, *o.c.*, p. 64; (24) A. Wallenstein, *La educación del niño y del adolescente* (Barcelona, Herder 1964), p. 234; (25) J. Lacroix, *Timidez y adolescencia* (Barcelona, Fontanella 1974), p. 26; (26) *Diário de Clara* (OF-187, ICE. Univ. de Navarra); (27) *Unos días en la vida de Almuneda Hernández* (OF--97, ICE, Univ. de Navarra); (28) Ibidem, p. 2; (29) J. M. de Buck, *El sentido de un adolescente* (Salamanca, Sígueme 1963), p. 33; (30) M. Yela, *o.c.*, p. 64; (31) J. Muñoz, *Evasión*, in GER, tomo 9, p. 602; (32) Cf. ibidem, p. 603; (33) Ibidem, p. 603; (34) Cfr. O. F. Otero, *Participación y pluralismo en los colegios* (no prelo).

Direção geral
Renata Ferlin Sugai

Direção editorial
Hugo Langone

Produção editorial
Juliana Amato
Gabriela Haeitmann
Ronaldo Vasconcelos
Daniel Araújo

Capa
Provazi Design

Diagramação
Sérgio Ramalho

ESTE LIVRO ACABOU DE SE IMPRIMIR
A 31 DE AGOSTO DE 2023,
EM PAPEL OFFSET 90 g/m².